Bored	Pleasant
скучающий	приятный
Happy	Joy
счастливый	радость

Ambitious	**Love**
честолюбивый	любовь
Sad	**Anxious**
сожаление	озабоченный

Good	Jealous
хорошо	ревнивый
Unhappy	Selfish
несчастный	эгоистичный

Angry	Furious
гнев	разъяренный
Hate	Proud
ненависть	гордый

Worry волнуюсь	**Feeling** чувство
Smile улыбка	**Surprised** удивленный

Sadness	Brave
печаль	отважный
Shame	Artery
позор	артерия

Chin	Mouth
подбородок	рот
Arm	Head
рука	Руководитель

Hip	**Face**
азобедренный	лицо
Eyebrow	**Brain**
бровь	мозг

Waist размер	**Elbow** локоть
Heart сердце	**Rib** ребра

Skull череп	**Neck** шея
Finger палец	**Toe** схождение

Tooth/ Teeth	Spine
зуб	позвоночник
Stomach	Forehead
желудок	передний

Liver печень	**Shoulder** плечо
Bone кость	**Lip** губа

Jaw челюсть	**Hand** Рука
Cheek щека	**Wrist** запястье

Muscle мышцы	**Nose** нос
Eye глаз	**Ear** ухо

Eyelid веко	**Chest** бюст
Hair волосы	**Eyelash** ресницы

Foot/Feet	Skin
фут	кожа
Leg	Lung
ножка	легкое

Fist	Knee
Кулак	колено
Blood	Heel
кровь	пятка

Ankle	Nail
лодыжка	ногти
Vein	Grandmother
вена	бабушка

Grandfather	Grandparents
дед	дедушка и бабушка
Friend	Friendship
друг	дружба

Ancestors предок	**Great-grandmother** Великая бабушка
Great-Grandfather Прадедушка	**Sister - in-law** сестра

Brother-in-law брат	**Twins** близнецы
Sister сестра	**Brother** Мой брат

Daughter девушка	**Son** сын
Only child Только дети	**Mother** мать

Father отец	**Godmother** крестная
Husband муж	**Wife** женщина

Granddaughter внучка	**Grandson** Большой сын
Girlfriend подруга	**Boyfriend** дружок

Godfather крестный отец	**Cousin** двоюродный брат
Niece внучка	**Nephew** Большой сын

Aunt тетка	**Uncle** дядя
Coat пальто	**Bathrobe** Халат

Bra	Jacket
нижнее белье	куртка
Boot	Sandal
обувь	тапки

Clothing	Knickers / Panties
одежда	брюки
Socks	Shoe
носки	обувь

Underpants трусики	**Shirt** рубашка
T-shirt Футболка	**Jerkin** Короткий топ

Waistcoat жилет	**Tracksuit** повседневная одежда
Skirt юбка	**Raincoat** епроницаемы

Glove	Sweater / Jumper
перчатка	свитер
Stockings	**Trousers**
низкий	брюки

Jeans джинсы	**Short trousers** Шорты
Pyjamas пижама	**Swimsuit** купальный костюм

January январь	**February** февраль
March Марс	**April** апреля

May может	**June** июнь
July июль	**August** августейший

September	October
сентябрь	октября
November	**December**
ноябрь	декабрь

Monday понедельник	**Tuesday** вторник
Wednesday среда	**Thursday** четверг

Friday пятница	**Saturday** суббота
Sunday воскресенье	**What is you name?** Как тебя зовут

How old are you? Сколько тебе лет	**Surname** Фамилия
Name имя	**Married** женат

Birthday день рождения	**Female** женщина
Male человек	**Address** адрес

Postcode Почтовый индекс	**Age** возраст
Date of birth день рождения	**Place of birth** Место рождения

Divorced развод	**My name is....** Меня зовут ...
I was born in..... Я родился ...	**Nationality** ациональност

Christian name Христианское имя	**Telephone number** Номер телефона
Miss Миссис	**Mrs** леди

Sex вид	**Mr** Мистер
I am..... (years old) Я ... (год)	**Widow** вдова

Widower вдовец	**Barber's** парикмахер
Butcher's скотобойня	**Shopping centre** Торговый центр

Drugstore аптека	**Ironmonger's** Железный магазин
Jeweller's Драгоценный камень	**Toy shop** Магазин игрушек

Creamery	Bookshop
молочный	книжный магазин
Market	Bird shop
рынок	Птичий магазин

Baker's пекарня	**Cake shop / pastry shop** Кондитерские изделия / кондитерские изделия
Hairdresser's Парикмахерска	**Men's wear** Мужская одежда

Children's wear Детская одежда	**Ladies' wear** Женская одежда
Supermarket супермаркет	**Pet shop** зоомагазин

Record shop Магазин звукозаписей	**Sweetshop** десерт
Shops магазин	**Dry cleaner's** Химчистка

Domestic Appliances Бытовая техника	**Pavement** путь
Suburbs предместья	**Travel Agency** Туристическое агентство

Policeman полиция	**Public conveniences** Общественные объекты
Nursing home Дом престарелых	**Bus** автобус

Avenue	Town Hall
дорога	ратуша
Bar / snack bar	District
Бар / закуска	район

Slums бидонвиль	**Library** библиотека
Subway метро	**Stock exchange** ученость

Post Box/ Mail box Почтовый ящик / почтовый ящик	**Street** дорога
Alley/ Lane аллея	**Highway** шоссе

Road	House
дорога	дом
Downtown	Cinema
От центра города	Кинотеатр

Circus цирк	**Citizen** гражданин
Police station Полицейский участок	**Consulate** Консульство

Post and Telegraph office Почтовое отделение	**Buildings** дом
School школа	**Stadium** этап

Statue Статуя	**Street lamps** Уличный фонарь
Fountain фонтан	**Department stores** Универмаги

Traffic policeman Дорожная полиция	**Hospital** больница
Hotel отель	**Church** церковь

Gardens сад	**Neon Signs** Неоновая вывеска
Monument памятник	**Information office** нформационнь офис

Tourist office Туристический офис	**Palace** дворец
Litter bin мусорный бак	**Park** парковка

Promenade ездить	**Pedestrian promenade** Пешеход пешеход
Zebra crossing Пешеходный переход	**Pedestrian** пешеход

Square квадрат	**Bridge** мост
Newspaper stand Газетный киоск	**Restaurant** ресторан

Emergency services	Theatre
Аварийная служба	Театр
Telephones	Pedestrian zone
телефон	Пешеходная зона

Neighbourhood окрестности	**Tin opener** открывашка
Food mixer смеситель	**Coffee pot** кофеварка

Saucepan сковорода	**Pan** Кастрюля
Cooker плита	**Freezer** холодильник

Cutlery	Garbage Can
нож	мусорный бак
Spoon	Dessert spoon
ложка	Десертная ложка

Table spoon Суповая ложка	**Soup spoon** Суповая ложка
Tea spoon Чайная ложка	**Ladle** черпак

Knife	Fridge
нож	холодильник
Grill	Oven
гриль	печь

Microwave СВЧ	**Jug** кувшин
Washing machine Стиральная машина	**Dishwasher** посудомоечная машина

Pot	Dish
горшок	квартира
Frying pan	**Tumble-dryer**
Сковорода	Сушилка для белья

Tea set Чайный сервиз	**Iron** сталь
Ironing board Гладильная доска	**Stool** скамья

Cup чашка	**Fork** вилка
Teapot заварочный чайник	**Scissors** ножницы

Toaster тостер	**Crockery** керамика
Glass стекло	**Bread basket** Хлебная корзина

Pressure cooker	Carpet
скороварка	ковер
Pillow	Bolster
подушка	поддерживать

Wardrobe гардероб	**Armchair** стул
Bed кровать	**Double bed** Двуспальная кровать

Single bed Односпальная кровать	**Bedspread , Quilt** Покрывало

Made in the USA
Monee, IL
30 March 2023

30862745R00044